Hanna Hanisch veröffentlichte Texte für die Vorschularbeit und zusammen mit Rolf Hanisch Spieltexte für das Kinder-, Jugend- und Amateurtheater; Autorin mehrerer Kinderbücher, u. a. «Drei-Minuten-Geschichten» (rotfuchs 107); «Mittwochabend-Geschichten» (rotfuchs 361); «Mein blauer Esel Pim» (rotfuchs 490); «Neue Drei-Minuten-Geschichten» (rotfuchs 579). Außerdem Mitarbeit an Anthologien für Kinder. Hanna Hanisch starb am 19. November 1992.

Boris Kaip: Studium am Lehrinstitut für graphische Gestaltung in München, daneben freie Mitarbeit in einer Agentur und beim Bayerischen Fernsehen; seither als freier Grafiker tätig für Buch- und Zeitschriftenverlage und fürs Fernsehen (Sendung mit der Maus u. a.) und nebenher Fotograf (zeitweise für die Lach- und Schießgesellschaft); bei rotfuchs illustrierte er bisher «Der Sandmann packt aus» und «Poesiekiste» (Nr. 271 und 274); lebt in München.

Hanna Hanisch

Kopfkissen-Geschichten

Bilder von Boris Kaip

Rowohlt

rororo rotfuchs
Herausgegeben von Ute Blaich und Renate Boldt

61.–63. Tausend August 1997
Originalausgabe
Veröffentlicht im Rowohlt Taschenbuch Verlag GmbH,
Reinbek bei Hamburg, September 1981
Copyright © 1981 by Rowohlt Taschenbuch Verlag GmbH,
Reinbek bei Hamburg
Umschlagillustration Hermann Altenburger
rotfuchs-comic Jan P. Schniebel
Alle Rechte vorbehalten
Satz Garamond (Linotron 404)
Gesamtherstellung Clausen & Bosse, Leck
Printed in Germany
790-ISBN 3 499 20283 2

Inhalt

Fische zählen	7
Das kunterbunte Klopfgespenst	9
Von der Laterne, die so gern Laterne-gehen wollte	11
Schlafengehn im Hexenhaus	14
Eine verrostete Geschichte	16
Das Fünfhorn	17
Eierkuchen mit Brille	20
Der Zauberer und sein Sohn	22
Das Lama beim Friseur	24
Die Bodenmaus	28
Eine Mütze für den kleinen Nick	31
Das große und das kleine Haus	33
Als Prinzessin Klößchen geboren wurde	35
Das Baum-Mädchen	37
Der verschwundene Willibald	40
Happimaus und Pappimaus	43
Besuch bei Tante Ellinor	45
Der Regenbaum	48
Die Reise im Kürbis	50
Ein Schneemann für Isabell	52
Herr Hanselmann bringt ein Geschenk mit	55
Die Zwitschermaschine	59
Von der Haustür, die geölt sein wollte	61

Fische zählen

Es gibt eine Stadt am Meer, da gehen die Kinder am Abend nicht in ihre Betten. Sie werden abgeholt von Kapitän Laberson, auf sein Segelschiff EMMA I.

Wenn es dämmrig wird, warten die Kinder schon am Ufer.

Manche sind noch putzmunter. Sie toben herum, daß man fürchten muß, sie fallen ins Wasser.

Andere Kinder sind schon schläfrig und legen das Gesicht an ihr Kuschelkissen oder an ihren Teddy.

Aber wenn die EMMA I angesegelt kommt, werden sie wieder wach. Sie winken: «Hallo, Käpt'n! Ahoi, wir sind da!»

Kapitän Laberson vertäut das Schiff, rückt die Mütze in die Stirn und geht an Land.

Er begrüßt die Kinder, jedes mit seinem Namen.

Dann winken die Kinder ihren Eltern ‹Gute Nacht› und gehen an Bord.

Was nun passiert, wissen nur die Kinder:

Der Kapitän führt sie zu einer alten Heringstonne neben dem Mast, dahinein wirft jedes Kind einen Penny.

Während die EMMA I nun sacht und leicht übers Wasser gleitet, verwandeln sich die Pennies in silbern glänzende Fische. Die Fische zappeln wild, und weil sie es nicht aushalten können in der engen Tonne, springen sie – platsch-plitsch – einer nach dem anderen ins Meer.

Die Kinder schauen zu, wie die Fische springen, wie das Wasser sprüht und zischt. Dabei zählen sie die Fische – eins – zwei – drei – zehn – zwanzig – dreißig.

So werden sie langsam müde. Manchen Kindern fallen

die Augen schon zu, wenn der dritte oder vierte Fisch ins Wasser geplatscht ist.

Andere können sich nicht sattsehen an den hohen Sprüngen und zählen bis hundert.

Der Kapitän bringt die müden Kinder eins nach dem anderen in die Kajüte. Dort schlafen sie gleich ein, weil das Schiff so sanft schaukelt und das Meer so schön rauscht. Und hat einmal eins der Kinder sich bloßgestrampelt, zieht ihm Kapitän Laberson die Decke über den Rücken.

Manchmal greift ein Kind im Traum nach einem Fisch. Aber ein Fisch läßt sich nicht festhalten, er ist glatt und flink und – platsch-plitsch – gleich ist er ins Wasser gehüpft. – Gute Nacht!

Das kunterbunte Klopfgespenst

Es klopfte. KLOPF-KLOPF-BRUTTER-BRUTTER-BUTT!

Fränzi setzte sich im Bett auf und rief: «Herein!»

Aber es kam niemand herein.

Es klopfte zum zweiten- und zum drittenmal.

Da wurde Fränzi ärgerlich. «Wer ist da? Komm endlich zu mir! Die Tür steht offen!»

«Ich kann nicht heraus!» jammerte ein Stimmchen. «Ich bin gefangen. Hier drinnen in der Heizung. KLOPF-KLOPF-BRUTTER-BRUTTER-BUTT!»

«Was kann ich tun, um dich herauszulassen?» fragte Fränzi.

Das Stimmchen erklärte es:

«Dreh die Lüftungsschraube auf, aber nur ein bißchen. Sonst gibt es eine Überschwemmung. Wenn du aufgedreht hast, werde ich entweichen als LUFTBLASENHEIZUNGSKLOPFGESPENST.»

Fränzi sprang aus dem Bett.

Sie fand die Lüftungsschraube. Daran hatte der Papa schon einmal gedreht, das hatte sie gesehen.

«Steh mir bei, kleines Klopfgespenst!» stöhnte Fränzi und drehte – ächz – die Schraube locker.

PFÜÜÜT! machte es, und das Gespenst entwich. Es schwebte leicht um Fränzi herum.

«Wie klein du bist!» lachte Fränzi. «Und wie durchsichtig! Komm, wir wollen Fangen spielen.»

Das Klopfgespenst schwebte durch das Zimmer, dabei kicherte es leise. Endlich war es frei! Endlich durfte es schwingen und schweben, brauchte nicht mehr zu klopfen.

Sie jagten sich über den Tisch, über den Nachtschrank, über das Bett hinweg, Fränzi und das Gespenst.

«Ich sehe dich nicht gut!» rief Fränzi. «Du bist so blaß. Setz dich auf mein Bett. Ich will dich anmalen, mit Farben aus meinem Tuschkasten. Komm, kleines Gespenst, halt einmal still.»

Das LUFTBLASENHEIZUNGSKLOPFGESPENST kicherte.

Sich anmalen lassen? Das wollte es gern. Das war etwas Neues. Noch keinem Gespenst war eine solche Ehre zuteil geworden.

Brav und still hockte es sich auf Fränzis Bett.

Fränzi spuckte auf die Farben und verrührte sie mit dem Pinsel. Rote, grüne, blaue und gelbe Streifen zog Fränzi dann über das Gespensterchen. Kunterbunt sah es jetzt aus.

«Wie schön ich bin! Juchhuu, viel schöner als alle anderen Gespenster!» juchzte es und schwebte durch den Raum.

Fränzi jagte ihm nach über Tisch und Stuhl.

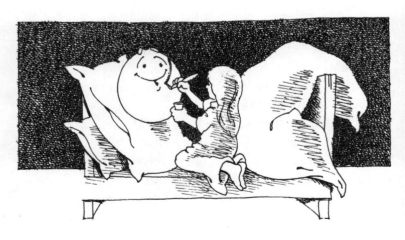

«Fang mich! Fang mich doch!» piepste das Gespenst.

Auf einmal hatte Fränzi es gepackt. Fest hielt sie es in der Hand.

Da gab es einen feinen Ton: Ping-Ping!

Das Gespenst war geplatzt. In tausend kleine Blasen aus Luft.

Fränzi hatte Farbe an allen Fingern. Sie wischte sie schnell am Kopfkissen ab.

Als die Mutter ins Zimmer kam, um Fränzi ‹Gute Nacht› zu sagen, tat Fränzi, als schliefe sie fest.

Sie wollte das Gespenst nicht verraten. Das hatte sich aus tausend Blasen wieder zusammengesetzt und schwebte zart und durchsichtig wie zuvor, leise kichernd, über Fränzis Bett.

Von der Laterne, die so gern Laterne-gehen wollte

Es war ein warmer Abend im September.

Die Kinder gingen mit ihren Laternen. Sie trugen rote, gelbe und bunte Laternen, runde Sonnen, Halbmonde und zackige Sterne.

Dazu sangen sie:

> Ich geh mit meiner Lateeer-neee-
> Rabimmel-rabammel-rabumm!

Immer wieder zogen sie ums Viertel.

An der Ecke zur Berliner-Allee stand eine große Straßenlaterne. Sie beugte sich weit über die Fahrbahn und beschien die Straße und die Autos.

Als die Kinder vorbeizogen, ärgerte sich die Straßenlaterne: «Ich bin viel schöner und heller als diese bunten Dinger da unten. Aber mit mir geht keiner ums Viertel.»

Sie spürte ein Kribbeln im Fuß, wie es manche Leute fühlen, wenn das Wetter sich ändert. Aber bei der Laterne war es die Lust, den Kindern nachzulaufen. Sie zog und zerrte, bis sie endlich den Fuß frei bekam. Dann rannte sie den Kindern hinterher und schmetterte: «Lateeer-neee – Lateeer-neee –»

Der Verkehrspolizist Heinrich Hottmann bekam einen Schreck.

«Wohin läuft denn die Laterne? Sie muß doch die Fahrbahn beleuchten!»

Er rannte hinterher im Dauerlauf. An der nächsten Ecke hatte er sie eingeholt.

«Halt! Stehenbleiben! Polizei!» keuchte Heinrich Hottmann.

Er umfaßte den dicken Laternenpfahl.

Aber die Laterne hatte viel Kraft. Sie zog ihn weiter, immer den Kindern nach.

«Lateeer-neee! Lateeer-neee!» rief Heinrich Hottmann aus vollem Hals. Mehr brachte er nicht heraus.

Die Leute auf der Straße blieben stehen. Sie wunderten sich: «Ein Polizist, der Laterne-geht? Noch dazu mit einer so großen?»

Ein älterer Herr schüttelte den Kopf. «Das ist ja die Höhe! Ein Polizist mit einer geklauten Straßenlaterne!»

Schlafengehn im Hexenhaus

Im Haus der Hexe Ypsilon geht es lustig zu. Immer drunter und drüber und drüber und drunter.

Den ganzen Tag ist die Ypsilon auf den Beinen, rennt herum und sammelt ihre dreizehn Kinder ein. Zum Waschen, zum Essen, zum Spielen, zum Schlafen.

Den Kindern gefällt es im Hexenhaus.

Sie laufen und raufen. Sie rennen und flennen.

Sie matschen und quatschen. Sie quengeln und bengeln.

Sie husten und prusten. Sie lachen und krachen.

Sie singen und springen. Sie radschlagen und schladragen, und sie futtern lauter gute Sachen:

Sauerkraut mit Buttermilch, Grießpudding mit Ketchup und Hexen-Allerlei.

Davon sind sie am Abend rundherum dick und zufrieden, aber müde sind sie noch immer nicht – sagen sie.

Wenn die Ypsilon die Kinder zu Bett bringen will, dann maulen sie:

«Wir wollen noch ein bißchen laufen und raufen, rennen und flennen, quatschen und matschen, lachen und krachen, purzelbäumen und schnurzelträumen – nein, wir wollen nicht ins Bett.»

Eines Tages wird es der Ypsilon zu dumm. Sie braust in die Stadt, läuft ins Elektrogeschäft Dudelmeier und verlangt einen Staubsauger. Extra groß.

Der Verkäufer wundert sich.

«Seit wann sind Sie so modern, Frau Ypsilon? Tut es Ihr alter Besen nicht mehr?»

Die Ypsilon läßt sich nicht ausfragen. Sie bezahlt mit

Hexengeld, springt auf den Staubsauger und zischt ab damit durch die Luft.

Huibui! Das geht dreimal schneller als auf einem Besen.

Als sie nach Hause kommt, geht noch immer alles drunter und drüber. Die Kinder balgen sich auf dem Fußboden, sie kreischen und plärren, sie ziehen sich an den Haaren und strampeln mit den Beinen.

«Ins Bett mit euch!» donnert die Ypsilon.

«Nein», schreien die Kinder, «nein, nein!» und treiben es immer ärger.

Da kommt die Ypsilon mit dem Staubsauger angeschlichen, ganz – heimlich – – und – – leise. Sie läßt den Sauger brummen über ihren dreizehn Kindern.

Und was passiert jetzt?

Jawohl, die Kinder werden angesaugt, eines nach dem anderen. Mit Hemd und Hose, mit Schuhen und Strümpfen. Fuitt! Fuitt! Alles verschwindet im Staubsaugerbeutel.

Dann schüttelt die Ypsilon den Beutel aus über dem breiten Kinderbett.

Die Kinder purzeln heraus, alle dreizehn. Mitten aufs Bett fallen sie. Lachen und hampeln noch ein bißchen, dann rührt sich keines mehr.

Sie schnarchen und schniefen und kichern im Traum. Wenn die Ypsilon sie nicht aufgeweckt hat, schlafen sie immer noch.

Eine verrostete Geschichte

ES WAR EINMAL ein großer, dunkler, verrosteter WALD.

Darin stand ein großer, dunkler, verrosteter BAUM.

Unter dem BAUM vergraben lag eine große, dunkle, verrostete KISTE mit einem großen, dunklen, verrosteten SCHATZ.

Da kam ein großer, dunkler, verrosteter MANN mit einem großen, dunklen, verrosteten BART.

Er nahm einen großen, dunklen, verrosteten SPATEN und grub die große, dunkle, verrostete KISTE aus.

Dann holte er aus der großen, dunklen, verrosteten TASCHE seines großen, dunklen, verrosteten MANTELS einen großen, dunklen, verrosteten SCHLÜSSEL.

Damit schloß er die große, dunkle, verrostete KISTE auf.

Und was sprang heraus?

Eine große, dunkle, verrostete MAUS mit einem großen, dunklen, verrosteten SCHWANZ.

Da bekam der Mann einen großen, dunklen, verrosteten SCHRECK und rannte und rannte – wohin?

Nach Haus in sein großes, dunkles, verrostetes HAUS.

Da war die große, dunkle, verrostete GESCHICHTE.

AUS

Das Fünfhorn

Achim lag im Bett, da tappte es im Flur. Achim lauschte.
«Hallo, wer ist da?»
«Ich bin's», polterte eine Stimme, «laß mich herein, Achim!»
Achim sprang aus dem Bett und öffnete die Tür.
Vor ihm stand ein seltsames Wesen: keine Kuh, keine Ziege, kein Hirsch, kein Büffel.
«Was bist *du* denn für einer?» staunte Achim.
«Ich bin ein Fünfhorn», sagte das seltsame Tier. «Das sieht man doch an meinen Hörnern.»
Achim zählte. Das Fünfhorn hatte wirklich fünf Hörner auf dem Kopf.
«Setz dich!» sagte Achim und bot dem Fünfhorn einen Stuhl an. Es war jetzt ein bißchen eng im Zimmer, aber das störte Achim nicht.
«Wozu brauchst du fünf Hörner?» wollte Achim wissen. «Andere Tiere haben bloß zwei.»
Das Fünfhorn grinste. «Weil fünf Hörner mehr sind als zwei. Wenn ich kämpfen will, könnte ja eins meiner Hörner abbrechen. Dann hätte ich noch vier. Und wenn zwei Hörner abbrechen, hätte ich noch drei. Damit bin ich jedem Zweihorn im Kampf überlegen. Ist doch klug von mir gemacht, oder?»
Achim betrachtete gründlich das Fünfhorn.
«Du siehst witzig aus. Wirklich, ich finde es komisch, so viele Hörner auf dem Kopf herumzutragen. Hoffentlich taugen sie auch etwas.»
Das Fünfhorn schnaufte. «Achim, ärgere mich nicht! Ich habe mir diese fünf Hörner zum Kämpfen zugelegt.

Und nicht, damit du darüber lachst. Ich werde dir beweisen, wie kräftig meine Hörner sind. Achtung!»

Das Fünfhorn senkte den Kopf und stieß gegen den Schrank.

«He, was soll das!» rief Achim. «Mach keinen Ärger!»

Aber schon machte es Kracks!

Eins der Hörner war abgebrochen wie der Henkel von einer alten Kaffeetasse.

«Das kommt davon!» schimpfte Achim. «Dein fünftes Horn ist futsch, und der Schrank hat einen Kratzer.»

«Macht nichts!» schniefte das Fünfhorn. «Ich habe ja noch vier andere Hörner. Aufgepaßt, ich stoße zu!»

Wieder senkte das Fünfhorn den Kopf und rammte die Tür.

Pricks! machte das vierte Horn. Es knickte ab wie ein dürrer Ast.

Achim kicherte. «Haha! Jetzt hast du bloß noch drei Hörner.»

Das Fünfhorn jaulte vor Wut. Aber es gab nicht auf. Mit voller Wucht rannte es gegen die Wand. Achim konnte sich gerade noch rechtzeitig zur Seite rollen.

Plopp! machte das dritte Horn und fiel ab, als wäre es nur angeleimt gewesen.

«Jetzt hast du zwei Hörner wie ein ganz normaler Ochse», sagte Achim. «Halt endlich Ruhe!»

Davon wollte das ehemalige Fünfhorn nichts wissen. Es nahm Anlauf und knallte mit dem Kopf an die Bettkante.

Papp! machte das zweite Horn. Es war eingedrückt wie ein alter Schuhkarton.

Achim hielt sich den Bauch vor Lachen. «Ich wette, dein letztes Horn ist auch bloß aus Pappe.»

Das Fünfhorn, das jetzt ein Einhorn war, heulte auf. Es wollte noch ein letztes Mal zustoßen. Aber Achim bekam das Horn zu fassen. Er drückte fest zu.

RÄTSCH! machte das letzte Horn. Es riß ab, als sei es aus dünnem Papier.

Das kahle Fünfhorn strich sich über die Glatze.

«Weh mir! Was ist aus mir geworden? Erst war ich ein Fünfhorn, dann ein Vierhorn, dann ein Dreihorn, dann ein Zweihorn, und zuletzt war ich ein Einhorn. Was bin ich denn jetzt?»

Achim kugelte sich im Bett vor Lachen.

«Haha! Alles war bloß Angeberei! Ein Nullhorn ist aus dir geworden. Hast fünf Hörner *auf* dem Kopf gehabt, aber keinen Verstand *im* Kopf. Hihi-haha-hoho!»

Das kahle Fünfhorn war beleidigt. Es sagte keinen Ton. Es schüttelte den Kopf, machte kehrt auf den Hinterhufen, polterte zur Tür hinaus, ohne gute Nacht oder auf Wiedersehen zu sagen.

Achim zog sich die Decke über den Kopf und lachte noch lange, lange über das dumme Fünfhorn, das jetzt ein Nullhorn geworden war.

Eierkuchen mit Brille

Einmal war Brunos Mutter verreist. Da kam die Oma, um für Bruno zu kochen.

Die Oma fing gleich damit an: Milch und Mehl und drei Eier verquirlte sie für einen Eierkuchen.

Als der Eierkuchen in der Pfanne brutzelte, beugte sich die Oma tief darüber. Sie wollte sehen, ob er rundum goldbraun geworden war.

Dabei fiel ihr die Brille von der Nase, fiel auf das Gesicht vom Eierkuchen.

Der Eierkuchen freute sich.

«Oho! Jetzt habe ich eine Brille auf. Jetzt bin ich eine Persönlichkeit. So einer wie ich kann mehr als andere aus der Verwandtschaft.»

Und – flitschi-bitschi – flutschte er aus der Pfanne, zur Tür hinaus, die Straße entlang.

Er kam zu einem großen Haus mit vielen Kindern. Es war eine Schule.

Das wußte der Eierkuchen natürlich nicht.

Auf dem Flur traf er einen Herrn, der auch eine Brille trug. Der Eierkuchen sprach ihn freundlich an: «Wie ich sehe, sind Sie ein Kollege von mir. Kann ich etwas für Sie tun?»

«Aber gern, Herr Eierkuchen», sagte der Herr, der ein Lehrer war. «Kommen Sie mit in die Klasse und erzählen Sie den Kindern eine Geschichte.»

Da rollte der Eierkuchen ins Klassenzimmer und setzte sich auf den Lehrerstuhl.

Die Kinder jubelten: «Eierkuchen mit Brille! Eierkuchen mit Brille!»

Als sie wieder ruhig waren, fing er an zu erzählen: «Heute ist die Großmutter gekommen und hat mich gebacken. Dabei ist die Brille von ihrer Nase auf meine Nase gefallen. Deshalb bin ich davongelaufen.»

Der Eierkuchen schwitzte kleine Fett-Tropfen. Er war es nicht gewöhnt, so lange Reden zu halten.

«Weiter! Weiter!» verlangten die Kinder.

Da öffnete sich die Tür und hereingestürmt kam die Großmutter. Als sie den Eierkuchen erblickte, wurde sie richtig wütend.

«Daß du ausgerissen bist, nehme ich dir nicht übel!» rief die Großmutter. «Aber daß du meine Brille mitgenommen hast, ist die Höhe!»

Sie griff sich ihre Brille und – klatschi-batschi – gab sie dem Eierkuchen eins mit dem Rührlöffel.

«Aber Großmutter!» sagte der Lehrer. «Was ist das für ein Benehmen?»

Da schämte sich die Großmutter. Sie putzte ihre Brille, weil die so fettig geworden war, und fragte: «Kommst du mit nach Hause, lieber Eierkuchen?»

Der Eierkuchen lachte.

«Aber klar, liebe Großmutter. Wir können doch den armen Bruno nicht verhungern lassen.»

Der Zauberer und sein Sohn

Der Zauberer ZENOPAX hatte einen Sohn, den kleinen ZENO.

Der saß gern im Garten und blies Seifenblasen in die Luft. Er freute sich, wie die Seifenblasen in der Sonne glänzten, wie sie weit flogen oder – ping – wieder zerplatzten.

Dem Zaubervater gefiel das nicht. Er sagte: «Es wird Zeit, daß du richtig zaubern lernst. Du vertrödelst die Tage mit diesem Seifenblasen-Spiel.»

ZENO wußte aber, so berühmt wie sein Vater würde er nicht werden. Solch großartige Kunststücke würde er niemals lernen. Er hatte nur Freude am Seifenblasen-Spiel und übte weiter, heimlich im Garten.

Dabei lernte er eine Menge.

Eines Tages gab ZENOPAX eine Vorstellung in der großen Stadt München.

ZENO fragte, ob er auch etwas vorführen dürfte.

Der Vater sagte: «Aber nur zum Schluß. Hoffentlich blamierst du dich nicht.»

Es waren eine Menge Leute gekommen. Sie staunten

über den berühmten Zauberer ZENOPAX und klatschten wild.

Am Schluß sagte der Zauberer: «Jetzt wird mein Sohn etwas vorführen.»

ZENO kam auf die Bühne. Er hielt einen kleinen Bambusstock in der Hand.

«Ist das sein Zauberstock?» fragten sich die Leute.

Nein. Er tauchte den Stock in einen Topf. Er blies Seifenblasen damit: große buntschimmernde Kugeln und kleine silbrige Blasen, nicht größer als ein Hemdenknopf.

Die Kugeln und Blasen tanzten. Sie flogen im Kreis, in einer Reihe und in Zick-Zack-Linie. Wunderschön sah das aus!

Wenn eine Seifenblase zersprang, gab es einen leisen Ton. Wie von einem Glockenspiel.

‹Dong-Dang› machten die großen Blasen.

‹Dingi-dingi-ding› die kleinen.

Die Leute hielten die Luft an. Sie wagten nicht, zu husten oder zu niesen.

Und weiter ging das Spiel: Aus manchen Blasen flogen Schmetterlinge auf und Blumen heraus. Rote Rosen, blaue Veilchen, weiße Margeriten.

«Oh!» und «Ah!» riefen die Leute. «Wie schön! Wie wunderbar!» Immer mehr wollten sie sehen und hören.

Zeno blies mit runden Backen und spitzen Lippen.

Dann war der Topf leergeblasen.

Da gingen die Leute vergnügt nach Hause.

Der Zaubervater sagte: «Zeno, du bist ein tüchtiger Kerl!»

Und was sagte Zeno?

Gar nichts.

Er rührte einen neuen Topf mit Seifenwasser an.

Das Lama beim Friseur

Es war ein kalter Tag im November.

In der Fußgängerzone, vor dem Friseurgeschäft Salon Wegemeier, stand ein Lama. Ruhig und vornehm stand es da, mit erhobenem Kopf.

An seinem Hals hing ein Schild:

> **SPENDET FÜR UNS TIERE IM WINTERQUARTIER!**
> *Zirkus Askora*

Neben dem Lama stand ein Mann mit einem Teller in der Hand. Auf dem Teller lagen Geldstücke, kleine und ein paar größere.

Der Mann sah müde und verfroren aus. Gewiß hatte er Sorgen, wie er die Tiere den Winter hindurch füttern sollte.

Die Kinder zogen ihre Eltern zum Lama. Sie wollten es kraulen und streicheln. Dafür sollten die Eltern etwas spenden.

Aber die meisten Leute gingen vorbei. Sie hatten es eilig, sie trugen schwere Taschen, es war ihnen zu kalt.

Der Mann mit dem Teller ging für eine Weile weg. Er wollte sich mit einer Tasse Kaffee aufwärmen, gleich nebenan.

Das Lama stand allein vor dem Friseurgeschäft.

Als eine Dame die Ladentür öffnete, lief es hinterher und stellte sich in eine leere Kabine.

Der Lehrling Friedrich-Günter staunte.

Er rief nach hinten, wo sein Meister gerade einer Dame die Haare färbte: «Hallo, Chef, hier ist ein Lama! Was soll ich machen?»

Der Meister aber hatte verstanden: ‹Hier ist eine Dame! Was soll ich machen?› Darum rief er zurück: «Waschen, Schneiden und Legen. Jetzt zeig einmal, was du gelernt hast, Friedrich-Günter!»

«Aber ich kann doch nicht ...»

Der Meister sagte energisch: «Natürlich kannst du das. Nun fang schon an!»

Da seifte der Lehrling das Lama ein und wusch ihm das Fell.

Er rubbelte es ab und fönte es, sehr vorsichtig, damit es nicht zu heiß wurde für das Lama.

Er schnippelte – schnipp-schnapp – einiges herunter vom weichen Lamahaar.

Das gefiel dem Lama.

Doch als Friedrich-Günter die Lockenwickler eindrehte, wurde es unruhig. Weil das so ziepte.

Das Lama gab merkwürdige Töne von sich.

«Friedrich-Günter, laß das Quäken sein!» rief der Meister aus seiner Kabine. «Wir sind hier nicht im Musikgeschäft.»

Friedrich-Günter mühte sich weiter ab mit den Lockenwicklern. Sie reichten nicht aus für das ganze Fell.

«Ich brauche noch Wickler!» rief er. «Dieses Vieh hat ja eine tolle Perücke!»

Der Meister rief empört: «Friedrich-Günter, laß die dummen Witze! Wir sind hier nicht im Zirkus.»

Die Kollegin von nebenan reichte ihm freundlich eine Schale mit Lockenwicklern über die Kabinenwand.

So konnte Friedrich-Günter dem Lama rundherum Locken eindrehen. Er strengte sich mächtig dabei an.

Nach einiger Zeit kam der Zirkusmann vom Kaffeetrinken zurück.

Wo war das Lama? Ausgerissen? Oder gestohlen?

Da öffnete sich die Tür vom Salon WEGEMEIER: Heraus trat das Lama. Ruhig und vornehm, mit erhobenem Kopf. Wunderbar frisiert. Seidig glänzte sein Lockenfell.

Die Leute in der Fußgängerzone blieben stehen und bewunderten das Lama. Alle Kinder wollten es streicheln und ihre Backe an sein weiches Fell legen.

Der Teller des Zirkusmannes füllte sich mit Geld.

Der Lehrling Friedrich-Günter stand in der Ladentür und strahlte. Er hatte wirklich gute Arbeit geleistet.

Und was sagte der Friseurmeister dazu?

Der hatte überhaupt nicht gemerkt, daß ein Lama im Geschäft gewesen war.

Die Bodenmaus

Auf dem Dachboden stand ein alter Fernsehapparat.

Der war kaputt. Er gab kein Bild, keinen Ton, kein Überhauptnichts von sich.

Manchmal schien der Mond durchs Dachfenster, und über den Mond huschten die Wolken. Dann gab es auf dem Bildschirm Wolkenmuster zu sehen, einmal hell, einmal dunkel.

Das gefiel einer Maus.

Die lebte schon lange hier oben. Es war eine echte BODENMAUS.

Jeden Abend sah sie das Mondprogramm an, sogar bei Neumond hockte sie vor dem alten Kasten.

Einmal kam die Katze geschlichen.

«Da bist du ja», sagte die Katze. «Gut, daß ich dich treffe. Ich werde dich fressen.»

«Pst!» piepte die Maus und rührte sich nicht.

Als die Katze einen Buckel machte und fauchte,

schimpfte die Maus: «Halt Ruhe! Siehst du nicht, daß die Sportschau läuft?»

«Wieso das?» fragte die Katze.

«Eine dicke Wolke läuft mit einer dünnen um die Wette. Was meinst du, wer gewinnt?»

«Keine Ahnung!» sagte die Katze. Sie starrte gespannt auf das Programm.

Die Wolken huschten davon, federleicht.

«Tempo! Tempo!» quiekte die Maus und klatschte in die Pfoten. «Siehst du? Jetzt kommt eine dritte Wolke gezogen. Sie überholt alle beide. Mann, ist das aufregend!»

Der Katze gefiel es jetzt auch.

So sahen alle beide fern, Katze und Maus nebeneinander.

Aber leise schnurrte die Katze in ihren Bart: «Nach der Sportschau fresse ich die Maus doch!»

Und die Maus wisperte: «Abwarten und Tee trinken! Noch sind wir nicht soweit.»

Die Katze wurde ungeduldig.

«Wieso hast du einen eigenen Fernseher, he?»

«Weil ich etwas Besonderes bin», piepte die Maus. «Eine echte BODENMAUS. Ich fresse niemals Speck oder Käse. Ich nage nur an alten Büchern oder Zeitungen. Darum bin ich sehr klug. Verstanden?»

Die Katze machte wieder einen Buckel. Es wurde gefährlich.

Die Maus zitterte.

«Es gehört sich nicht, eine Bodenmaus zu belästigen. Was willst du eigentlich von mir?»

«Dich fressen!» sagte die Katze.

«Warte erst die Wettermeldung ab», sagte die Maus. «Wenn es dunkel auf dem Bildschirm ist, gibt es Regen. Scheint der Mond hell und klar, wird es morgen schön. Aber davon verstehst du wohl nichts? Ich wette, du kannst nicht einmal bis DREI zählen. Oder?»

«Ich kann sogar bis VIER zählen», behauptete die Katze.

«Also gut. Beweise mir das», verlangte die Maus. «Stell dich an die Wand, halt die Pfoten vor die Augen und zähle:

EINS-ZWEI-DREI-VIER-ECKSTEIN
ALLES MUSS VERSTECKT SEIN!
HINTER MIR – VOR MIR – NEBEN MIR – ÜBER MIR –
GILT NICHT – – ICH KOMME!»

Das machte die Katze. Richtig wie beim Versteckspiel. Und als sie rief: «ICH KOMME!» Da kam sie auch.

Aber wo war die Maus?
Verschwunden.
War nicht hinter, nicht vor, nicht neben, nicht über der Katze.
War einfach weg.
«So ein Mist!» schimpfte die Katze. «Die Maus hat mich reingelegt.»
Wütend schlich sie vom Dachboden.
Der Mond schien auf die Mattscheibe und grinste. Bestimmt hat er gewußt, wo die Bodenmaus steckte. Aber verraten hat er es nicht.

Eine Mütze für den kleinen Nick

Der kleine Nick hatte seine Mütze verloren.

Das war Pech. Denn der Wind wehte scharf und kalt; der kleine Nick bekam rote Ohren.

Die Großmutter tröstete ihn: «Mach dir nichts draus! Ich werde dir eine neue Mütze stricken, dick und warm. Heute abend wird sie fertig sein.»

Die Großmutter ging gleich ins Wollgeschäft vom Herrn Adam.

Sie wühlte in der Wolle herum und befühlte alle Sorten: dicke und dünne, harte und weiche, bunte und schwarz-weiß-gedrehte Wolle.

«Ich möchte eine ganz besondere Wolle haben», sagte die Großmutter zum Herrn Adam, «für die Mütze des kleinen Nick.»

Herr Adam lächelte.

«Ich verstehe! Die beste Wolle der Welt.»

Er holte unter dem Ladentisch etwas hervor: ein kleines, graues Knäuel, das sah aus wie fast gar nichts.

«Das soll die beste Wolle der Welt sein?» rief die Großmutter empört. «So ein dummes, kleines Knäuel? Das sieht ja aus wie fast gar nichts.»

Herr Adam lächelte geheimnisvoll.

«Stricken Sie nur! Keine Bange. Sie werden schon sehen, was daraus wird.»

Die Großmutter lief neugierig nach Hause und fing an zu stricken: Zwei rechts – zwei links – zwei links – zwei rechts – eine Masche über die andere gezogen.

Das wurde ein schönes Muster.

Nach einer Stunde war die Mütze groß genug, um die Ohren des kleinen Nick zu wärmen.

Aber die Wolle war noch nicht zu Ende. Also strickte die Großmutter weiter.

Nach zwei Stunden ging ihm die Mütze bis zum Hals. Die Großmutter strickte weiter.

Am Mittag reichte die Mütze dem kleinen Nick bis zum Bauch und am Nachmittag bis zu den Knien. Das kleine Wollknäuel wurde nicht alle, die Großmutter strickte weiter.

Schöne Muster in vielen bunten Farben strickte sie aus dem grauen Knäuel, das aussah wie fast gar nichts.

Am Abend ging die Wolle plötzlich zu Ende. Die Großmutter konnte gerade noch eine Bommel knüpfen, struppig wie ein alter Rasierpinsel.

Jetzt reichte die Mütze dem kleinen Nick bis zu den Füßen.

Er zog die Mütze über den Kopf.

«Hilfe!» schrie er. «Ich kann nichts sehen! Ich kann die Arme nicht bewegen!»

Da machte die Großmutter vier Löcher in die Mütze: zwei kleine für die Augen und zwei große für die Arme.

Jetzt war der kleine Nick zufrieden.

Er hatte die schönste Mütze der Welt und vor allem: sie wärmte ihn vom Kopf bis zu den Füßen.

Das große und das kleine Haus

In einer Stadt standen nebeneinander zwei Häuser: ein sehr großes und ein sehr kleines.

Das große Haus hatte einen Turm auf dem Dach, hohe Fenster, und an der Haustür hing ein goldener Ring zum Anklopfen.

Das kleine Haus hatte nur ein Dach aus Stroh, rechts und links ein kleines Fenster, und dazwischen hing eine schiefe Tür.

Manche Leute sagten: «Das kleine Haus paßt nicht mehr in die Stadt. Es ist alt und morsch. An seine Stelle sollte ein modernes Haus gebaut werden.»

Andere Leute aber meinten: «Na ja, das kleine Haus ist ein bißchen windschief. Aber es sieht so gemütlich aus. Mag es stehenbleiben, wo es steht.»

Als das große Haus merkte, daß über das kleine Haus geredet wurde, fing es an, sich für das kleine Haus zu interessieren.

Wie hübsch das Strohdach schimmerte: braun mit etwas grünem Moos dazwischen.

Wie die beiden Fenster leuchteten, wenn die Sonne darauf schien.

Und erst die Haustür: Sie war blaugestrichen und hatte eine eiserne Klinke.

Und plötzlich fühlte das große Haus einen Stich im oberen Balken, links.

Es hatte sich verliebt.

In das kleine gemütliche Haus.

Es rückte näher an das kleine Haus heran, um es zu beschützen.

«Mach dir nichts draus, was manche Leute sagen. Mir gefällst du, kleines Haus.»

Da wurde dem kleinen Haus unter dem Strohdach froh zumute. Es rückte näher an das große Haus heran.

«Du hast eine Menge Wind von mir ferngehalten», sagte das kleine Haus. «Ich stehe gern neben dir.»

Am anderen Morgen kamen die Herren vom Bauamt. Sie wollten prüfen, wie es um die beiden Häuser stand.

Plötzlich rief der Oberbaurat: «Was sehe ich da? Die beiden Häuser haben sich verschoben. Der Boden muß sich gesenkt haben. Daran dürfen wir nicht rühren. Wenn wir das eine Haus abreißen, fällt das andere auch zusammen.»

Was für ein Glück!

Sie blieben nebeneinander stehen. Und wenn nichts dazwischenkommt, stehen sie in hundert Jahren noch zusammen.

Als Prinzessin Klößchen geboren wurde

Es ist lange her, da lebten in einem Land ein König und eine Königin.

Die wünschten sich ein Kind.

Der König wünschte sich einen Sohn. Die Königin eine Tochter.

Als das Kind geboren werden sollte, sagte der König:

«Wenn es ein Junge wird, wird zweiundvierzigmal geschossen. Wenn es ein Mädchen wird einundzwanzigmal. Dann wissen die Leute gleich, was los ist.»

Davon wollte die Königin nichts hören. Sie sagte, es wäre sehr dumm zu schießen. Davon würde das Kind erschrecken. Und noch dümmer wäre es, bei einem Mädchen nur halb so viele Male zu schießen wie bei einem Jungen. Das wäre eine Beleidigung.

«Pliplaplop!» sagte der König. «Es war immer so, und es soll so bleiben.»

Am anderen Tag bekam die Königin das Kind. Genau gesagt, sie bekam zwei Kinder: einen Jungen und ein Mädchen.

Da wußte der Kanonenschießer nicht, was er machen sollte. Er hatte ja nur zweiundvierzig Schüsse zu verschießen. Also schoß er zuerst zweiundvierzigmal in die Luft. Krach! Bum! Salute! Die Leute dachten: Aha! Es ist ein Junge!

Aber wie ging es weiter? Der Kanonenschießer mußte ja auch für die kleine Tochter schießen.

Weil der Koch gerade Klöße kochte, holte der Kanonenschießer einundzwanzig Klöße aus der Küche und schoß sie in die Luft. Das knallte nur leise, aber es machte eine Menge Spaß. Die Leute fingen die Klöße auf und riefen: «Mehr davon!»

Da holte der Kanonenschießer neue Klöße heran, im ganzen hundertundachtzig Stück.

«Was ist los?» fragten die Leute. «Warum wird heute mit Klößen geschossen?»

«Ein kleines Mädchen ist geboren!» rief der Kanonenschießer.

Da freuten sich die Leute: «Es lebe Prinzessin KLÖSSCHEN!»

Den Prinzen hatten sie ganz vergessen.

Seitdem wurde nie mehr geschossen, nicht mit Pulver und nicht mit Klößen. Denn der König ärgerte sich, daß seine Tochter KLÖSSCHEN genannt wurde.

Die Prinzessin aber machte sich nichts draus. Sie wurde groß und dick und rund und heiratete einen großen, dicken, runden Mann.

Der aß am liebsten Klöße.

Guten Appetit!

Das Baum-Mädchen

Einmal gingen zwei Kinder durch den Wald: Stefan und Karoline. Sie bummelten hinter ihren Eltern her, die schon um die nächste Wegbiegung verschwunden waren.

Stefan hatte einen Stock gefunden. Damit schlug er gegen die Baumstämme.

KRACH! RUMM! Das krachte nur so.

Auf einmal standen die beiden Kinder vor einem sehr hohen Baum. Er hatte einen dicken Stamm und eine rotbraune Rinde mit feinen Äderchen, wie ein Netz. Die Krone des Baumes war so dicht, daß kaum ein Lichtstrahl durch die blaugrünen Nadelblätter fiel.

Die Kinder staunten: Dieser Baum war schön. So einen Baum hatten sie nie vorher gesehen.

Stefan schlug mit seinem Stock gegen den Stamm. Das dröhnte – DONG-DONG – wie bei einer Trommel. Kleine Rindenstücke flogen vom Stamm.

Plötzlich rief eine Stimme von oben: «He, du! Hör auf zu schlagen! Du tust mir weh!»

Stefan blickte hinauf in die Krone des Baumes. Er sah ein Gesicht, ein Paar dunkle Augen.

«Ich habe dich nicht geschlagen. Ich habe dem Stamm nur ein paar Hiebe versetzt. Wer bist du überhaupt?»

«Ich bin das Baum-Mädchen», rief es von oben.

Karoline entdeckte jetzt auch das Gesicht, darüber ein Büschel blaugrüner Haare.

«Was machst du dort oben?» fragten die Kinder.

«Ich wohne in diesem Baum.»

Stefan lachte. «Du wohnst im Baum? Ganz allein? Was ißt du und was trinkst du und wer spielt mit dir?»

«Kommt herauf!» rief das Mädchen. «Ich zeige euch alles.»

Es ließ ein Seil herunter, aus Gras geflochten. Damit zog es Stefan und Karoline nach oben.

Die Kinder begrüßten sich. «Hallo!»

Das Mädchen trug ein rotbraunes Rindenkleid und hatte blaugrüne Nadelblätter-Haare.

Stefan und Karoline sahen, daß es tatsächlich hier oben wohnte in einem Baumhaus, aus Ästen und Zweigen zusammengebaut, mit Moos ausgepolstert und mit Vogelfedern abgedichtet.

«Da hast du eine Menge Arbeit gehabt!» staunte Stefan.

«Ich finde das Haus toll!» sagte Karoline.

Das Baum-Mädchen lachte. «Ja ich wohne auch gern hier oben.»

Es brachte ihnen grünen Tee in kleinen Holzbechern.

Weit konnten die Kinder blicken. Alles sah anders aus, grüner und heller, wie ein fremdes Land. Der Wind summte. Sanft wiegte sich der Baum.

«Warum tut es dir weh, wenn ich den Baum schlage?» fragte Stefan.

«Weil ich den Baum liebe.»

«Es tut mir leid», sagte Stefan.

Das Mädchen nickte.

«Tu es nicht wieder.»

Das Summen des Windes machte sie müde, Stefan und Karoline schliefen ein.

Nach einiger Zeit, die lang war oder kurz, wachten sie auf.

Kein Baumhaus, kein Mädchen war zu sehen.

«Wie sind wir bloß auf diesen Baum gekommen?» fragte Karoline. «Mir wird ganz schwindlig, wenn ich nach unten gucke.»

«Ich weiß es auch nicht», sagte Stefan und zog sich am Ohr. «Aber hier oben können wir nicht bleiben. Los, Karoline, wir rutschen einfach runter.»

Sie rutschten den Stamm abwärts wie an einer Turnstange. Ihre Hände bekamen Schrammen und ihr Zeug Risse.

Sie rannten nach Hause.

«Wo seid ihr gewesen? Wir haben uns Sorgen gemacht!» riefen die Eltern. «Überall haben wir euch gesucht.»

«Stefan hat einen Baum mit dem Stock geschlagen, danach wissen wir nichts mehr», sagte Karoline.

Stefan dachte nach.

«Jetzt fällt es mir wieder ein: Das Baum-Mädchen hat uns zum Teetrinken eingeladen. In sein Baumhaus.»

«Na so was!» sagte der Vater. Er zwinkerte der Mutter zu. Das sollte heißen: Die Kinder spinnen ein bißchen!

Karoline zwinkerte auch. Das sollte heißen: Stefan, schlag nicht wieder einen Baum. Vielleicht wohnt wirklich ein Mädchen drin?

Der verschwundene Willibald

Willibald ging mit dem Vater spazieren. Sie bummelten durch die Stadt und kamen auf den Marktplatz.

Dort stand ein Brunnen.

Das Wasser spritzte weit über den Brunnenrand. Willibald hielt die Hände unter den Strahl, und das Wasser lief an ihm herunter bis zu den Schuhen.

«Willibald!» rief der Vater. «Du bekommst nasse Schuhe!»

Da zog Willibald die Schuhe aus und spritzte weiter.

«Willibald!» rief der Vater. «Du bekommst nasse Strümpfe!»

Da zog Willibald die Strümpfe aus und spritzte weiter.

«Willibald!» rief der Vater. «Du bekommst nasse Hosen!»

Da zog Willibald die Hose aus und spritzte weiter.

«Willibald!» rief der Vater, und jetzt war er sehr wütend. «Dein Hemd wird naß!»

Da zog Willibald auch das Hemd aus und spritzte weiter.

Nun stand Willibald nackt auf dem Marktplatz und ließ sich voll Wasser spritzen. Die Leute ringsum lachten, und Willibald lachte.

Nur der Vater lachte nicht.

«Willibald!» rief er. «Du wirst naß und kalt und krank! Los, nach Hause mit dir!»

Als der Vater ihn packen wollte, machte Willibald sich dünn, so dünn er nur konnte, und kroch in das Abflußloch des Brunnens.

FLUTSCH! WEG WAR ER! WOHIN?

Der Vater war ärgerlich. Er nahm die Schuhe, die Strümpfe, die Hose und das Hemd und ging nach Hause. Ohne Willibald.

Der steckte ja im Abflußloch.

Zu Hause hängte der Vater alles schön ordentlich über einen Stuhl: die Strümpfe, die Hose und das Hemd. Die Schuhe stellte er darunter. Es sah aus, als säße Willibald auf dem Stuhl.

«Wo ist Willibald?» fragte die Mutter. «Da hängen ja nur seine Sachen.»

Der Vater sagte: «Willibald ist im Marktbrunnen verschwunden. Wenn es ihm langweilig wird, kommt er gewiß nach Hause.»

Die Mutter schüttelte den Kopf.

«Euch beide kann man nicht allein gehen lassen. Immer passiert etwas Dummes.»

Da hatte die Mutter recht. Aber was sollte sie machen? Sie mußte warten auf Willibald.

Am Abend kam plötzlich ein großer Platsch Wasser ins Zimmer geschwappt. Durch das offene Fenster floß er herein, gerade zu Willibalds Sachen.

«So ein Pech!» schimpfte der Vater. «Jetzt wird auch noch die Stube naß.»

Die Mutter lief in die Küche, um einen Lappen zu holen.

Aber was kroch aus der Wasserpfütze?

WILLIBALD.

Er stieg in Hemd und Hose, in Schuh und Strümpfe, als wäre überhaupt nichts passiert.

«Na so was!» sagte die Mutter. «Da haben wir aber Glück gehabt!»

HATSCHI! machte Willibald.

Das war alles. Er konnte nicht sprechen. Er hatte sich einen Schnupfen geholt.

Happimaus und Pappimaus

Eines Morgens treffen sich Happimaus und Pappimaus.

«Hallo, wie geht es dir?» fragt Happimaus.

«Gut geht es mir!» sagt Pappimaus. «Ich wohne jetzt an der Autobahn, da wachsen rechts und links eine Menge Wurzeln. So habe ich immer etwas zu fressen. Und wie geht es dir?»

«Gut geht es mir!» sagt Happimaus. «Ich wohne jetzt auf einem Hochhausdach. Da weht ein frischer Wind, und ich habe eine schöne Aussicht.»

«Frischen Wind und eine schöne Aussicht hast du?» sagt Pappimaus. «Und weiter nichts? Wie steht es mit der Futterei?»

«Och!» sagt Happimaus. «Wenn ich Hunger habe, laufe ich ein Stockwerk tiefer. Dort ist ein Büro mit vielen Papierkörben. Da finde ich immer etwas zum Knabbern.»

«Papier mußt du futtern?» ruft die Pappimaus. «Das ist doch das letzte! Besuch mich morgen einmal an der Autobahn. Damit du etwas Festes zwischen die Zähne bekommst.»

«Gut, ich komme!» sagt Happimaus.

Am anderen Morgen kommt sie zu Besuch. Pappimaus

hat schon eine Menge Wurzeln gesucht. Sie futtern alle beide, daß es knackt.

Am Abend sagt Happimaus: «Vielen Dank für die Einladung. Das Essen war gut. Aber der Lärm war schlimm. Besuch mich bald im Hochhaus. Damit du etwas anderes siehst als immer nur Autos.»

Am anderen Morgen kommt Pappimaus zu Besuch. Der Himmel ist hell und klar. Sie haben vom Hochhaus eine Aussicht bis zum Gebirge. Pappimaus kann sich nicht sattsehen daran.

Auf einmal knurrt ihr der Magen. Den ganzen Tag hat sie nichts gegessen.

«Wenn es hier oben bei dir keine Wurzeln gibt», sagt Pappimaus, «dann bin ich mit ein wenig Papier zufrieden.»

Sie laufen ein Stockwerk tiefer in das Büro der Firma HABERMANN UND SÖHNE.

Leider sind die Papierkörbe schon ausgeleert worden. Sie finden kein Schnipsel zum Nagen, nur ein paar Flusen vom Teppichboden.

«Vielen Dank für die Einladung», sagt Pappimaus. «Die Aussicht war wunderbar, aber das Essen war mies. Ich will froh sein, wenn ich bald zu Hause bin.» Schon saust sie davon.

Happimaus sitzt noch lange auf dem Hochhausdach. Sie sieht die Sonne untergehen und den Mond aufgehen. Wenn sie auch der Magen vor Hunger zwackt, so ist sie doch glücklich.

Pappimaus gräbt sich neben der Autobahn gleich ein paar Wurzeln aus. Wenn auch die Autos vorbeizischen, so hat sie doch einen vollen Magen.

So sind alle beide zufrieden: Happimaus auf dem Dach und Pappimaus am Straßenrand.

Und wir wünschen ihnen eine ‹Gute Nacht›.

Besuch bei Tante Ellinor

Einmal besuchte Willibald die Tante Ellinor, zusammen mit seiner Mutter. Sie tranken Kaffee und aßen Kekse.

Willibald merkte gleich: Tante Ellinor konnte ihn nicht leiden. Dauernd mäkelte sie an ihm herum.

«Willibald, halt die Füße still! Willibald, krümele nicht auf den Teppich! Willibald, wackle nicht mit dem Kopf! Willibald, renn nicht dauernd im Zimmer herum!»

Da ärgerte sich Willibald. Und er beschloß, sich in einen Dackelhund zu verwandeln. Vielleicht konnte Tante Ellinor ihn dann besser leiden?

Also, Willibald verschwand im Flur, und mit einem Spruch aus seinem Zauberbuch «Tausend Tricks für kluge Kinder» verwandelte er sich in einen kleinen, krummbeinigen Dackel.

Wau-wau! Er kratzte an der Tür.

Tante Ellinor öffnete. Sie war entzückt.

«Oh, was für ein reizendes Hündchen kommt da zu mir? Herein, mein Süßer!»

Dackel Willibald sprang auf den Teppich und sauste im Kreis herum. Die Mutter zog die Beine hoch. «Hoffentlich beißt er nicht!»

Keine Angst. Willibald würde niemals seine Mutter beißen.

Er zernagte einen Keks, den Tante Ellinor ihm vor die

Nase hielt. Es gab eine große Krümelei auf dem Teppich.

Tante Ellinor freute sich. «Wie gut es ihm schmeckt! Willst du noch mehr Kekse, mein Schatz?»

Willibald wackelte mit dem Kopf. Das hieß ‹Nein›. Er knabberte lieber die Fransen vom Teppich an.

Er sauste mit Tante Ellinors Hauslatschen im Zimmer herum.

Er jaulte und wedelte mit dem Schwanz.

Er zerfetzte ein Sofakissen.

Tante Ellinor wollte sich totlachen.

Willibalds Mutter sagte: «Das ist aber ein ungezogener Hund! Kann der nicht mal Ruhe halten?»

Da wurde Tante Ellinor böse.

«Ein Hund braucht viel Liebe!» sagte sie. «Und viel Bewegung. Sonst langweilt er sich und wird krank. Nein, nein, das ist ein ganz liebes und reizendes Hündchen.»

«Wau-wau!» machte Dackel Willibald und biß Tante Ellinor in den Lackschuh.

«Du-du!» sagte Tante Ellinor und drohte mit dem Finger. Aber nur zum Spaß.

Willibalds Mutter sagte: «Mein Willibald ist mir dreimal lieber. Der hat noch nie jemand gebissen.»

Tante Ellinor und die Mutter fingen an zu streiten. Über Hunde und kleine Jungen.

Sie stritten immer heftiger.

Da stand die Mutter auf, nahm ihre Tasche, ihren Mantel und ging nach Hause.

Bauz! Die Tür schlug hinter ihr zu.

Dackel Willibald war es gerade noch gelungen, mit hindurch zu schlüpfen.

«Bleib bei mir, du kleiner Schnackel-Dackel!» rief Tante Ellinor und hob bittend die Hände.

Aber Dackel Willibald war schon um die Hausecke gesaust. Beim Briefkasten holte er die Mutter ein.

«Wau-wau!»

Die Mutter lachte.

«Mich kannst du nicht verkohlen. Ich habe gleich gemerkt, wer du bist. Hoffentlich verwandelst du dich bald wieder in Willibald.»

Das ist Willibald auch gelungen. Mit dem Gegenspruch aus seinem Zauberbuch.

Da war die Mutter froh, und sie gab Willibald einen Kuß.

Tante Ellinor aber haben sie nicht wieder besucht.

Der Regenbaum

Viele Wochen lang hatte es geregnet. Jeden Tag und jede Nacht. Die Leute ärgerten sich und schimpften über den Regen.

Da schämte sich der Regen und verkroch sich in einen großen, alten Baum. Hoch oben auf dem Berg. Er hing in den Zweigen, tropfte von den Blättern und blieb im Baum wohnen.

Eine Zeitlang gefiel es den Leuten, daß es nicht mehr regnete.

Sie freuten sich über die Sonne. Sie ließen sich braun brennen und gingen ins Schwimmbad und aßen viele Tüten Eis.

Aber dann wurde es ihnen zuviel.

Wenn sie sich trafen, sagten sie nicht mehr: «Schönes Wetter heute!»

Nein, sie sagten: «Es hat lange nicht mehr geregnet.»

Oder: «Hoffentlich regnet es bald!»

Oder: «Es wird alles vertrocknen. Das Schwimmbad muß schließen. Das Wasser wird knapp.»

Als es nach vielen Wochen noch immer nicht regnen wollte, sagte ein kleiner Junge: «Kommt, wir wollen den Regen suchen! Er hat sich versteckt. Wir müssen ihn finden!»

Da zogen die Leute aus der Stadt und liefen weit, um den Regen zu suchen.

Den ganzen Tag lang suchten sie und fanden ihn nicht. Enttäuscht und müde wollten sie nach Hause gehen.

Da rief der Junge plötzlich: «Seht doch! Dort oben auf dem Berg, der Baum! Der glitzert und funkelt wie lauter Wasser.»

Die Leute starrten staunend hinauf. Dann liefen sie los, nach oben zu dem Baum. Und da sahen sie es: Tausende und Tausende von Wassertropfen, die in der Abendsonne glänzten. Silbern und golden, rot, grün und violett schimmerte es auf allen Zweigen und Blättern.

«Der Regen! Der Regen! Wir haben ihn gefunden!» riefen die Leute und tanzten um den Baum.

Der Regen tropfte hinab von Zweigen und Blättern, und die Leute streckten die Hände aus, fingen den Regen ein und tranken ihn. Sie waren glücklich und naß.

Nie wieder hat der Baum so schön ausgesehen wie damals, als der Regen in ihm gewohnt hat.

Die Reise im Kürbis

Einmal brachte Brunos Oma einen Kürbis nach Hause, einen großen, runden, goldgelben Kürbis.

Das war vielleicht ein Brocken! Die Oma konnte ihn gar nicht tragen, sie mußte ihn vom Markt nach Hause rollen.

Bruno staunte. «Was fangen wir damit an?»

«Wir machen Kürbis-Kompott daraus, süß-sauer eingelegt.»

Bruno wollte wissen, wie das geht.

Die Oma erklärte ihm das Rezept:

> Der Kürbis wird geschält,
> auseinandergeschnitten,
> die Kerne werden herausgenommen.
> Dann wird er in kleine Stücke zerschnitten.
> Die werden in Essig- und Zuckerwasser
> weichgekocht.
> Alles wird in braune Tontöpfe eingelegt.

Bruno fand es schade, daß der Kürbis zerschnitten werden sollte. Als die Oma zum Kaufmann ging, um Essig und Zucker zu holen, bohrte Bruno ein Loch in den Kürbis. Erst ein kleines, dann ein großes.

Er puhlte die Kerne heraus, knabberte ein paar und blickte in den dunklen Kürbisbauch.

Es roch gut darin, nach Gurken und Birnen und Schrebergarten. Bruno bekam große Lust, in den Kürbis zu kriechen. Weil er sehr dünn war und auch noch ziemlich klein, ging es leicht.

Als Bruno es sich gerade gemütlich machen wollte, fing der Kürbis an zu rollen.

Bruno erschrak. «Was ist denn jetzt passiert?»
Er strampelte und schrie: «Halt! Stehenbleiben!»
Aber das half ihm nichts. Alles drehte sich rundherum, mal stand er auf dem Kopf, mal auf den Füßen.
Auch gut! dachte Bruno. Dann rolle ich jetzt durch Hamburg. Und wenn ich Glück habe, durch die halbe Welt.
Der Kürbis holperte und stolperte über das Pflaster. Plötzlich gab es einen Platsch.
Jetzt sind wir in die Alster geplumpst! dachte Bruno. Hoffentlich gehen wir nicht unter.
Aber war das die Alster? Um sich herum hörte Bruno Schiffe tuten und Möwen kreischen. Irgendwo lachten Leute und riefen: «Da schwimmt ein Kürbis! Seht mal, ein Kürbis in der Elbe!»
Ein Wasserguß schwappte nach innen. Bruno hatte Mühe, das Wasser mit den Händen hinauszuschaufeln.
Und weiter ging die Reise. Der Kürbis schaukelte die Elbe abwärts, hinein in die Nordsee.
Junge, Junge, da schlugen die Wellen hoch! Bruno wurde ganz übel davon.
Fast wäre der Kürbis im Meer versunken. Da hörte Bruno Rufe. Er winkte und schrie zurück. Und dann merkte er, wie es in die Höhe ging.
Was war passiert?
Ein Frachter hatte seinen Ladebaum ausgeschwenkt, der Kürbis mitsamt Bruno wurde an Bord gehievt.
«Hallo!» riefen die Seeleute. «Wer kommt denn da?»
«Ich bin's, der Bruno!» rief Bruno und kroch aus dem Kürbis heraus. Er klapperte mit den Zähnen vor Angst und Kälte.

Das Frachtschiff fuhr nach Norwegen, um Holz zu laden. Was blieb Bruno übrig? Er und der Kürbis reisten mit.

Der Kürbis wäre gern über Bord gerollt. Rollen war sein größter Spaß. Aber die Seeleute hoben ihn in eine Hängematte. Und nachts schlief Bruno im Kürbisbauch.

So reiste Bruno nach Norwegen und wieder zurück.

Nach drei Wochen kamen sie in Hamburg an. Kaum waren sie von der Rampe gerollt, der Kürbis und Bruno, da legte der Kürbis aber Tempo drauf. Er war froh, wieder festen Boden zu fühlen. Er rollte und rollte – holperdipolper – durch ganz Hamburg, direkt vor Brunos Haus.

Und wer stand vor der Tür?

Die Oma. Mit dem Küchenmesser in der Hand, um den Kürbis zu schlachten.

Bruno kroch aus dem Kürbis, müde, naß und zerzaust.

«Na so was!» rief die Oma. «Wo kommst *du* denn her?»

«Brrrr – –» machte Bruno. Sonst nichts. Er hatte keine Lust, etwas zu erzählen.

Und Appetit auf Kürbiskompott hatte er auch nicht. Noch dazu, wenn ein Kürbis nach Salzwasser schmeckt und eine Menge brauner Flecken bekommen hat.

Darum hat die Oma den Kürbis so gelassen, wie er war: rund, groß und ein bißchen goldgelb.

Ein Schneemann für Isabell

Isabell wünschte sich einen Schneemann.

Du liebe Zeit! Dieser Wunsch war schwer zu erfüllen. Denn in dem Land, in dem Isabell wohnte, fiel niemals Schnee.

Trotzdem wünschte sich Isabell einen Schneemann. Es war ihr einziger Geburtstagswunsch.

Der Vater überlegte, wie er das machen sollte. Vielleicht gab es Schneemänner aus Pappe? Oder aus Watte?

Nein, das hätte Isabell gemerkt. Schneemänner müssen kalt sein. Und sie müssen eine Mohrrüben-Nase haben und einen Bratpfannen-Hut.

Da schrieb Isabells Vater eine Bestellung an das Versandhaus NÄGELI in der Schweizer Stadt Bern:

> Schickt mit Eilpost einen
> SCHNEEMANN mit Nase und Hut
> für meine Tochter Isabell.

Die Leute von der Firma NÄGELI machten sich gleich an die Arbeit.

Sie holten Schnee vom Oberland und bauten einen dikken Schneemann mit langer Mohrrüben-Nase und einem Bratpfannen-Hut. Sie steckten den Schneemann in eine Kühltruhe und schickten ihn mit dem Flugzeug zu Isabell.

Auf dem Flugplatz warteten viele Leute. Sie hatten gehört, es würde eine berühmte Person ankommen.

«Was kommt denn für einer?» fragten die Leute. «Ein Schlagersänger? Ein Fußballspieler? Oder ein Präsident?»

Sie waren sehr neugierig. Aber noch neugieriger war Isabell.

Dann hörte man das Flugzeug brummen. Es landete. Die Kühltruhe wurde aus dem Flugzeug getragen. Alle konnten es sehen:

Zwei Männer öffneten den Deckel, und ein Schneemann schaute heraus.

Sie stellten ihn auf die Beine. Sie drückten ihm die Nase

fest. Sie rückten ihm den Hut zurecht. So brachten sie ihn zu Isabell: ganz frisch, ganz weiß, ganz kalt.

Isabell strahlte vor Freude. Sie gab dem Schneemann die Hand. Da merkte sie, wie kalt er war.

Die Leute staunten. «Ah!» riefen sie und «Oh!» und «Bravo!»

So etwas hatten sie noch nicht gesehen. Sie drängten sich um den Schneemann. Jeder wollte ihm die Hand geben.

Isabell war sehr stolz. Sie wollte ihn mit nach Hause nehmen und auf den Geburtstagstisch stellen. Aber vom vielen Händeschütteln und weil es in Isabells Land so warm war, wurde der Schneemann weich. Er sackte in den Knien zusammen, wurde immer kleiner. Zuletzt blieben nur die Mohrrübe und die Bratpfanne übrig und – das hätte ich beinah vergessen – die beiden Kastanien-Augen.

War Isabell jetzt traurig?

Überhaupt nicht.

Sie hatte einem echten Schneemann die Hand gegeben, und all die anderen Leute hatten es auch getan. Sie hatte gefühlt, wie kalt er war. Sie hatte gesehen, wie gut ihm die Mohrrüben-Nase und der Bratpfannen-Hut standen.

Nun war er verschwunden. War nur noch eine Pfütze. In der Pfütze spiegelte sich die Sonne.

Na, wenn schon! Schlagersänger, Fußballspieler und Präsidenten waren schon oft angekommen.

Aber ein Schneemann noch nie.

Herr Hanselmann bringt ein Geschenk mit

Herr Hanselmann ging zum Altstadtfest.

Er wollte ein schönes Geschenk für seine Frau mitbringen. So ging er zuerst auf den Flohmarkt. Da gab es eine Menge Krimskrams zu kaufen.

Herr Hanselmann suchte einen Fingerhut aus, mit einem eingelegten roten Stein.

Darüber wird sich meine Frau freuen, dachte Herr Hanselmann. Wenn sie näht, braucht sie sich nicht in den Finger zu stechen.

Er hielt den Fingerhut hoch, der rote Stein funkelte in der Sonne.

Eine dicke Frau neben ihm freute sich.

«Der ist aber hübsch! So einen Fingerhut habe ich als Kind gehabt. Wollen wir tauschen? Ihren Fingerhut gegen meinen Gürtel?»

Sie zeigte ihm einen roten Ledergürtel mit einer goldenen Schnalle dran.

«Er paßt mir nicht», sagte die Frau. «Ich kriege die Schnalle nicht zu.»

Herr Hanselmann dachte: Darüber wird sich meine Frau freuen. Alle Tage kann sie den schönen Gürtel tragen.

Also tauschte er den Fingerhut gegen den Gürtel.
Dann ging er weiter über den Marktplatz.
Am Stand der Metzger hingen viele Würste an einem Baum. Ein Geselle rief:

> Kauft, ihr Leute, kauft ein Los
> für eine Wurst, klein oder groß.

Neben Herrn Hanselmann stand ein Mann, eine dicke Wurst im Arm. Die hatte er gewonnen. Der Mann tippte Herrn Hanselmann an die Schulter.

«He, mein Lieber, was haben Sie da für einen schicken Gürtel? Der gefällt mir, den möchte ich haben. Wollen wir tauschen? Meine Wurst gegen Ihren Gürtel?»

Herr Hanselmann wollte wissen warum.

«Die Wurst ist mir zu fett. Ich werde zu dick davon.»

Herr Hanselmann dachte: So eine prachtvolle Wurst! Darüber wird sich meine Frau freuen. Eine ganze Woche lang können wir davon essen.»

Also tauschte er den Gürtel gegen die Wurst.

Dann schlenderte er weiter durch die Stadt.

An einer Ecke drehte ein Drehorgel-Mann seine Lieder. Herr Hanselmann hörte zu.

Der Drehorgelmann machte große Augen. Er flüsterte: «Guter Mann, was haben Sie da für eine köstliche Wurst! Mir läuft das Wasser im Mund zusammen. Wollen wir tauschen? Ihre Wurst gegen meine Drehorgel?»

Herr Hanselmann stotterte: «Aber – aber – das kann ich – nicht annehmen!»

Doch der Drehorgelmann bat und drängte: «Fünfzig Jahre lang habe ich Drehorgel gespielt. Jetzt möchte ich mich ausruhen davon. Also, packen wir es an?»

Herr Hanselmann dachte: So eine herrliche Drehorgel! Darüber wird sich meine Frau freuen. Alle Tage kann sie Musik machen.

Also gut. Er tauschte die Wurst gegen die Drehorgel. Zufrieden schob er sie durch die Stadt, durch Straßen und enge Gassen. Zuletzt kam er in den Hafen.

Dort orgelte er ein paar Lieder.

An der Mole hatte ein Schiff angelegt, ein alter, wackliger Fischerkahn. Der Fischer ging von Bord und stellte sich neben Herrn Hanselmann.

«Spielen Sie mal ‹Kleine Möwe, flieg nach Helgoland›.»

Herr Hanselmann spielte. Der Fischer freute sich.

«Was für eine schöne Drehorgel! Schon als kleiner Junge habe ich mir eine Drehorgel gewünscht. Wollen wir tauschen? Meinen alten Kahn gegen Ihre Orgel?»

Herr Hanselmann wunderte sich über gar nichts mehr. Die Leute hatten eben Spaß am Tauschen. Und er dachte: So ein schönes Schiff! Darüber wird sich meine Frau freuen. Alle Tage kann sie spazierenfahren.

Also tauschte er mit dem Fischer.

Er zog sich die Wollmütze über die Ohren, spuckte ins Wasser und schwankte übers Deck wie ein richtiger Seemann.

Nach einer Weile – es war Abend geworden und der Mond ging auf – zog ein Mann vorüber mit einem Elefanten an der Leine.

«Hallo!» rief der Mann.

«Ahoi!» rief Herr Hanselmann zurück.

So kamen sie ins Gespräch. Über das Wetter, über Schiffe und Elefanten.

Der Mann erzählte, er hätte den Elefanten von einem Zirkus gekauft. Aber er möchte ihn weiterverkaufen. Oder eintauschen. Zum Beispiel gegen das Schiff da an der Mole. Darauf möchte er gern wohnen.

Herr Hanselmann sagte, das müsse er sich gut überlegen. Er hätte schon den ganzen Tag getauscht. Aber der Mann ließ nicht nach und drängte zum Tauschen.

Da dachte Herr Hanselmann: Warum eigentlich nicht? Über diesen schönen Elefanten wird sich meine Frau freuen. Alle Tage kann sie darauf reiten.

Also abgemacht. Er tauschte den Schifferkahn gegen den Elefanten.

Spät am Abend kam er zu Hause an. Er band den Elefanten an der Haustür fest.

Seine Frau fragte gleich: «Hanselmann, was hast du mir Schönes mitgebracht?»

«Es paßte nicht durch die Haustür», sagte Herr Hanselmann. «Darum steht es auf der Straße.»

Frau Hanselmann sah aus dem Fenster.

Vor dem Haus stand der Elefant, groß und prächtig.

Frau Hanselmann staunte.

«Oh!» sagte sie. Weiter nichts.

Daß es auf dem Flohmarkt vom Altstadtfest soooooooo große Geschenke zu kaufen gab – das hätte sie nie gedacht.

Die Zwitschermaschine

Auf dem Jahrmarkt, wo Töpfe, Pfannen und Haushaltsmaschinen verkauft werden, stand ein freundlicher Herr.

Er drehte die Kurbel einer seltsamen Maschine.

«Treten Sie näher, meine Herrschaften!» rief der Mann. «Schauen Sie diese Maschine an! Ich habe sie selbst erfunden. Sie läuft ohne Strom, ohne Batterie, ohne Dieselöl. Jedes Kind kann sie bedienen, einfach mit der Hand.»

Viele Leute blieben stehen und schauten zu, wie der freundliche Herr drehte. Es war wirklich eine interessante Maschine: luftig und leicht wie ein Vogelkäfig.

«Wozu kann man sie benutzen?» fragte eine Frau, die schon einige Pakete unter dem Arm trug.

«Zum Drehen, meine Dame!» rief der freundliche Herr. «Wollen Sie es probieren?»

Die Frau stellte ihre Pakete ab und drehte die Kurbel. Die Maschine zitterte leicht, ihre Drähte und Stäbe gerieten in Bewegung.

Auch die anderen Leute wollten gern einmal drehen. Es ging wirklich ganz einfach.

Doch die dicke Frau meckerte: «Was soll man anfangen mit diesem komischen Ding? Ja, wenn es ein Käsehobel wäre! Oder eine Bohnen-Schnippelmaschine!»

Der freundliche Herr war beleidigt. «Nein, nein, meine Dame, dazu ist meine Maschine zu schade. Kaufen Sie sich ein Messer, wenn Sie Käse schneiden wollen oder Bohnen.»

«Es war ja nur ein Vorschlag», meinte ein junger Mann, der etwas von Maschinen verstand. «Sie könnten die Maschine verbessern! Wozu sind Sie Erfinder?»

Aber der freundliche Herr bestand darauf, seine Maschine wäre nur zum Drehen da.

Auf einmal kam ein Spatz geflogen, ein frecher kleiner Kerl. Der setzte sich auf den oberen Draht. Vielleicht dachte er, es wäre ein Telegrafendraht, auf dem Vögel gern sitzen.

Er begann zu zwitschern.

Kein richtiges Lied, nur so, wie die Spatzen es können: Zwitt-zwitt – tschipp-tschipp –

Der Erfinder lächelte.

Er drehte immer schneller die Kurbel, und der Spatz zwitscherte immer aufgeregter: Zwitt-zwitt – tschipp-tschipp –

Das gefiel den Leuten. Sie lachten und klatschten.

Auch der junge Mann war begeistert.

«Es ist eine ZWITSCHERMASCHINE! Daß ich nicht gleich drauf gekommen bin. Ich möchte sie kaufen.»

«Mit oder ohne Vogel?» fragte der Erfinder.

Was für eine Frage!

Natürlich *mit*. Auf einer Zwitschermaschine *muß* ein Vogel sitzen. Sonst ist sie nicht echt.

Zwitt-zwitt – gute Nacht!

Von der Haustür,
die geölt sein wollte

Stell dir vor: Draußen vor der Stadt steht ein wackliges Haus mit einer wackligen Haustür, der Wind weht, und das alte Mütterchen im Haus kann nicht schlafen.

Weil die Tür so schrecklich knarrt im Wind – knarr-knarr.

«Hör auf zu knarren, halt endlich Ruhe!» schimpft die alte Frau mit der Tür.

Aber die Tür knarrt weiter. «Knarr-knarr, was kann ich dran ändern? Ich muß knarren, weil der Wind weht. Steh doch auf und öl mich!»

Die alte Frau ist müde. Sie hat keine Lust, aus dem Bett zu steigen in dieser windkalten Nacht.

«Öl dich selber!» knurrt das Mütterchen und dreht sich auf die andere Seite.

Also gut! Die Tür springt – hopp – aus den Angeln und wackelt davon.

Wohin läuft sie? In die Stadt, wo es vielleicht ein bißchen Öl gibt für eine wacklige, knarrende Haustür.

Am Himmel steht hell der Mond, der alte Nachtonkel.

Er wundert sich. «He, was treibst du dich in der Stadt herum, mitten in der Nacht? Geh nach Hause und schließ dich zu!»

«Ach», sagt die Tür, «meine Hausfrau ist böse auf mich, weil ich so schrecklich knarre im Wind. Kannst du mich nicht ölen?»

Der Mond grinst. «Ich kann mich hell und dunkel machen, dick und dünn, silbern und golden, aber ölen kann ich dich nicht.»

Knarr-knarr! Die Tür wackelt weiter.

Sie trifft eine Katze, die hockt auf einem Baum und macht grüne Augen.

Die Katze wundert sich: «He, was treibst du dich in der Stadt herum, mitten in der Nacht? Geh nach Hause und schließ dich zu.»

«Ach», sagt die Tür, «meine Hausfrau ist böse auf mich, weil ich so schrecklich knarre im Wind. Kannst du mich nicht ölen?»

Die Katze miaut: «Ich kann klettern und springen, kratzen und ratzen. Ich kann einen großen Buckel machen und flach auf dem Bauch liegen. Aber ölen kann ich dich nicht.»

Knarr-knarr! Die Tür läuft weiter.

Sie trifft einen Hund, der wacht vor einem großen Tor.

Der Hund knurrt: «He, was sind das für Einfälle? Du wackelst in der Stadt herum, alte Haustür, mitten in der Nacht, geh schnell nach Hause und schließ dich zu.»

«Ach», sagt die Tür, «meine Hausfrau ist böse auf mich, weil ich so schrecklich knarre im Wind. Kannst du mich nicht ölen?»

Der Wachhund schüttelt seinen dicken Kopf. «Ich kann rennen und bellen und Diebe fangen. Aber ölen kann ich dich nicht.»

Da ist die Tür sehr traurig. «Knarr-knarr! Dann will ich weiter durch die Stadt wackeln und so laut knarren, bis einer kommt und mich ölt.»

Aus einem Haus mit vielen hellen Fenstern kommt ein Mann heraus. Es ist Fridolin Pfeiferling, der Flötenspieler. Fast wäre er gegen die Tür gestoßen.

«He, was sind das für Dummheiten? Wer läuft mit einer Tür durch die Stadt, mitten in der Nacht?»

«Ach», sagt die Tür, «meine Hausfrau ist böse auf mich, weil ich so schrecklich knarre im Wind. Kannst du mich nicht ölen?»

Fridolin besieht sich die Tür. Von vorn und von hinten, von oben bis unten. Natürlich, die Türhaken sind rostig.

Knarr-knarr!

Da öffnet Fridolin seine Tasche, in der die große Flöte liegt. Er nimmt die kleine Flasche mit Flötenöl heraus, dazu ein Läppchen. Vorsichtig verreibt er das Öl auf den rostigen Haken.

Da freut sich die Tür. Sie fängt an zu springen und zu tanzen, und sie knarrt überhaupt nicht mehr. Wunderbare Flötentöne kann sie jetzt pfeifen. Knirri-dirri-birr!

Sie läuft nach Hause und – hopp – springt sie wieder in die Angeln.

Der Wind weht immer noch. Aber die Tür pfeift ihr Flötenlied: Knirri-dirri-birr!

Jetzt kann die alte Frau aber gut schlafen!